Maggie Raidl

Erbschleichen für Anfänger
und mäßig Fortgeschrittene

Maggie Raidl ist Kreative mit Bodenkontakt, Geschichtenausdenkerin mit Lust auf Alltagsgroteskes, Fairnessliebende mit Sinn für gesellschaftliche Sollbruchstellen. Sie mag Friedhöfe, liebt die Teiche des Waldviertels ebenso wie den Strand von Tel Aviv und lebt vor den Toren Wiens.

FAMILIE

© Walter Raidl

Maggie Raidl

Erbschleichen für Anfänger und mäßig Fortgeschrittene

Bibliografische Information der Deutschen Nationalbibliothek:
Die Deutsche Nationalbibliothek verzeichnet diese Publikation
in der Deutschen Nationalbibliografie; detaillierte bibliografische Daten sind im Internet über http://dnb.dnb.de abrufbar.

Redaktionsleitung: Daniela Pucher, www.daniela-pucher.at
Redaktion: Alexandra Rotter
Lektorat: Friederike Schmitz, www.prolitera.de
Umschlag, Layout & Illustration: Gerhard Vay, www.vaybox.at
Herstellung und Verlag: BoD – Books on Demand, Norderstedt
ISBN: 978-3-7460-3693-9

Für Lisa und Stefan

Inhaltsverzeichnis

Über den Humor mit Trauerrand

Es gibt Dinge im Leben, die glaubst du nicht. Zum Beispiel, wenn jemand beim Buffet sich das letzte Schnitzel krallt, einfach so, obwohl du schon mit der Gabel ausgeholt hast. Oder wenn sich einer wie selbstverständlich im Eisgeschäft ganz vorn reindrängelt, während du dir schwitzend die Beine in den Bauch stehst. Das hat alles keine wirklich schlimmen Konsequenzen. Aber dreist ist es trotzdem und du bist irgendwie sprachlos, dass es solche Leute gibt.

So ähnlich geht es auch manch einem Erben. Da hat einer eine Lieblingstante und wird von ihr im Testament bedacht – und dann taucht eine Altenpflegerin auf, und schon ist die Eigentumswohnung mittels Schenkung in deren Händen, so schnell kannst du gar nicht schauen. Angeblich sollen es ja sogar Taxifahrer schaffen, Haupterbe zu werden, zum Beispiel von einem betagten Herrn, den sie täglich zur Fußpflege, zum Internisten und ins Theater kutschieren. Und die Tochter schaut durch die Finger und kann es nicht fassen.

Du kannst nun über diese frechen, unverfrorenen Menschen jammern und klagen, dass sie dir wegnehmen, was dir kraft Geburt und Abstammung zusteht. Die gesündere Alternative: den Umstand mit einer dicken Schicht schwarzem Humor versehen. Einen Eimer voll Sarkasmus drüberschütten. Und lernen, wie Erbschleichen funktioniert, um sich besser zu schützen und dafür zu sorgen, dass nicht nur rechtlich, sondern auch moralisch alles seine Ordnung hat. Denn es sind ja nicht nur die rechtmäßigen Erben die Leidtragenden. Auch die betagten Mütter, Onkel und Geschwister sind arm dran, wenn sie sozial isoliert und ausgenutzt werden.

Mein Beitrag für deine Aufschlauung ist dieses Buch, mit dem du einen gar nicht ernsten Blick auf dieses ernste Thema werfen kannst. Bitte verstehe es NICHT als eine Einladung, etwas Illegales zu tun. Nichts liegt mir ferner! Das Buch ist vielmehr als ein Ventil zu verstehen: Wenn du von einem Erbschleicher ausgebootet wurdest, nimm es lieber mit Humor, bevor du einen Mord begehst. Und lerne zu verstehen, wie Erbschleicher agieren, dann kannst du dich besser wehren. So ist diese „Anleitung zum Erbschleichen" in diesem Buch gedacht und nicht anders.

In diesem Sinne wünsche ich dir eine unterhaltsame Lektüre, bei der dir das Lachen hoffentlich nicht allzu oft im Hals stecken bleibt.

Maggie Raidl

Karriereziel Erbschleicher

Warum du diesen Beruf unbedingt ins Auge fassen solltest

Ich bin sicher, du hast schon irgendwann einmal in deinem Leben darüber nachgedacht, was sein wird, wenn du alt und grau bist. Wenn nicht, dann wird es höchste Zeit, egal, wie viele Lenze du auf dem Buckel hast. Darf ich dich zu einem kleinen Experiment einladen?

Schließe die Augen, entspanne dich und visualisiere: Wie soll es dir im Alter gehen?

Bitte sei jetzt kein Spielverderber und fang nicht gleich an, politisch zu werden. Wir setzen einfach einmal voraus, dass es für dich so etwas wie einen ruhigen Lebensabend geben wird. Welches Bild erscheint vor deinem inneren Auge? Was riechst du, fühlst du, schmeckst du? Den weißesten Strand, den du je zwischen den Zehen spüren durftest? Eine hübsche Finca auf Mallorca? Eine Vorort-Villa im Grünen?

Nun öffne deine Augen und sieh dich um. Findest du irgendetwas, das deiner Vision auch nur ein bisschen nahekommt? Nein? Oje! Du kannst dir höchstens eine Dauerkabine im öffentlichen Freibad leisten, und während du den staubtrockenen Gugelhupf vom Selbstbedienungsbuffet futterst, liest du mit zusammengezogenen Augenbrauen die Ansichtskarte von Onkel Kurt und seiner hinterlistigen Frau Trudi aus

REGEL NUMMER 1:
SEI KEIN OPFER.

10

der Karibik, die kürzlich überraschend geerbt haben.
Du armes Opfer, du!

Damit du auf Tante Trudi und Onkel Kurt nicht länger nei-
disch sein musst, hast du zwei Möglichkeiten. Du kannst
dich in deinem Job ordentlich ins Zeug legen und arbeiten
bis zum Umfallen. Jeden Euro legst du brav auf die hohe
Kante und vielleicht, ja vielleicht hast du nach vierzig Jahren
so viel beisammen, dass du dir deine ersehnte Villa, deine
Weltreise, deine Cadillac-Sammlung leisten kannst.

Wärst du aber der Typ, der vor lauter Arbeit täglich ein
Burnout riskiert, hättest du nicht dieses Buch gekauft. Ich
hoffe, du bist mir nicht böse, dass ich dir das so unterstelle.
Aber schließlich wollen wir hier über ungeahnte Möglichkeiten reden, wie du dir viel schneller und weniger schweiß-
treibend deine Träume erfüllen kannst. Wie du nicht Opfer
bist, sondern zur Tat schreitest.

Bitte lauf jetzt nicht los, um fünfzig Euro für einen Lotto-
schein hinzulegen. Ja, du hast schon recht, das geht natürlich auch. Aber die Chance auf einen Lottogewinn ist
verschwindend gering im Vergleich zur Chance auf eine
erkleckliche Erbschaft. Die Möglichkeiten, die eine oder
andere Million abzustauben, liegen förmlich auf der Straße.
Hast du schon einmal darüber nachgedacht, wer die derzeit Vermögenden sind? Das sind die, die gerade auf die
Pension zusteuern oder bereits Rentner sind. Und woher
haben sie die Kohle? Genau: Die haben sie seit dem
Wirtschaftsboom der 50er-Jahre angehäuft und selbst
schon geerbt. Kein Weltkrieg und keine Hyperinflation
haben seitdem ihr Vermögen aufgefressen. Ich hab für
dich versucht herauszufinden, wie viel Vermögen herum-
liegt. Genaue Zahlen gibt es nicht, aber man schätzt, dass
in Deutschland jährlich rund 260 Milliarden Euro und in

Österreich ca. 25 Milliarden in Form von Geld, Aktien oder Immobilien vererbt werden.

Nun geht es eigentlich nur mehr darum, wer dieses Geld bekommen soll. Und das ist jetzt logisch: Ein Teil davon soll dir gehören. Das geheime Wissen über die Erbschleicherei hältst du ja bereits in deinen Händen. Du brauchst also nur lesen, denn:

REGEL NUMMER 2:
INFORMIERE DICH GRÜNDLICH UND LERNE.

Wie Erbschleichen richtig geht, das hat bisher noch nie jemand aufgeschrieben. Du bist also so gesehen ein Pionier, der als einer der Ersten ein Fachbuch übers Erbschleichen liest. Bisher gab es nur Bücher über das Erben, über die rechtlichen Rahmenbedingungen, Erbstreitereien und solch langweiligen Kram. In Ratgebern wie „Erben ohne Streit" oder „Mein letzter Wille" werden Erblasser angewiesen, umsichtig und gerecht dafür zu sorgen, dass ihre Nachkommen möglichst in schönster Eintracht bekommen, was ihnen laut Erbfolge zusteht. Nur: Was nützt dir dieses Wissen? Diese Bücher sind für jene, die brav darauf warten, dass der Erbonkel sein Versprechen einhält und sie im Testament bedenkt. Für die Opfer also. Du willst aber aktiv an deiner goldenen Zukunft arbeiten. Du willst nicht warten, bis die Tante dir die Eigentumswohnung vererbt. Denn es kann ganz schnell ganz anders kommen und schon steht die Hausmeisterin deiner Tante im Grundbuch, während du, die sich immer brav um die Verblichene gekümmert hat, weiterhin in deiner Sozialwohnung verrottest.

**Auch der Tod
bringt Leben in die Familie:
Erbstreitigkeiten.**

(Gerhard Uhlenbruck, *1929, deutscher Aphoristiker)

Über das Erbschleichen wurde und wird nur in den Hinterzimmern und an den Küchentischen dieser Welt gemauschelt und es wird nur als mündliche Weisheit an die nächste Generation weitergegeben. Dieses Buch ist so gesehen das erste, das das Wissen dieser Zunft schriftlich festhält. Also lies aufmerksam und lerne!

REGEL NUMMER 3:
BLEIB AUF DEM BODEN DER LEGALITÄT.

Falls du jetzt denkst „Natürlich kann ich etwas erben, aber dazu muss ich bestimmt jemanden um die Ecke bringen, und das will ich nun wirklich nicht", dann kann ich dich beruhigen: Alles, was du tun musst, bewegt sich im legalen Rahmen. Und du tust noch dazu etwas Gutes für deine Mitmenschen. Du sorgst für Gerechtigkeit, denn es ist kaum zu glauben, wer alles an das Erbe von Hinz und Kunz gelangt. Das haben Hinz und Kunz wirklich nicht verdient, ihr Vermögen nichtsnutzigen Nichten und Neffen zu hinterlassen. Da ist es schon gut, dass du dich dafür einsetzt, dass das von Hinz und Kunz hart erarbeitete Vermögen in die richtigen Hände kommt. Das nennt man gerechte Verteilung und ist viel besser, als Politiker es je versprechen könnten.

Hunderte Paragrafen, die das Erbrecht regeln, sind eine lukrative Spielwiese für Anwälte und Notare, weil hier hohe Rechtsunsicherheit herrscht. Es gibt einen großen Spielraum: die berühmte Grauzone. In der lässt sich bekannterweise vortrefflich agieren. Es gibt ein paar Paragrafen, gegen die kommt man nicht an, wie zum Beispiel den mit dem Pflichtanteil. Genau die solltest du gut kennen, also

informiere dich, investiere in ein Anwalts- oder Notarge-
spräch. Der Anwalt freut sich, dass er sich einen neuen
Golfschläger kaufen kann, und du freust dich, weil du
die Hintertüren kennst, durch die du schlüpfen kannst.
Ein kleiner Tipp: Eine Rechtsschutzversicherung übernimmt
zumindest einen Teil solcher Kosten – für einen Profi-
Erbschleicher ist eine solche Versicherung in etwa so
unverzichtbar wie für den Bestattungsunternehmer der
Leichenwagen. Sorge also vor!

Eine halbe Stunde gut erben,
ist besser als fünf Jahre arbeiten.

(Schlesisches Sprichwort)

15

DIE ÄLTESTE ERBSCHLEICHEREI
DER WELT

Was meinst du, wie alt die Tradition der Erbschleicherei ist? So ganz genau weiß ich das auch nicht, aber ich kenne die älteste Erbschleicher-Geschichte der westlich-christlichen Welt. Und die steht schon in der Bibel. Nein, verdreh jetzt bitte nicht die Augen, weil du schon in der Schule den langweiligen Religionsunterricht geschwänzt hast. Denn von der Geschichte kannst du lernen.

Du hast vielleicht schon einmal von Isaak gehört, von diesem Glückspilz in letzter Minute. Sein Papa, der Abraham, wollte ihn doch tatsächlich opfern, aber Isaak hat Schwein gehabt, denn Gott hatte den Abraham nur testen wollen und schauen, ob er ihm wirklich wichtiger ist als sein eigener Sohn. Kurz bevor Isaak abgestochen worden wäre, war der liebe Gott zufrieden und hat einen Engel geschickt, der dem Abraham gesagt hat: Es reicht, wenn du einen Schafbock opferst.

Isaak hat später Rebecca geheiratet, und die gebar ihm Zwillinge. Der erstgeborene Zwilling hieß Esau. Der zweitgeborene, Jakob, war schon pränatal ein Schlingel, er klammerte sich während der Geburt an die Ferse seines Bruders, bestimmt deshalb, um es sich leichter zu machen und flotter rauszurutschen. Unterschiedlicher können Brüder gar nicht sein als die beiden, und darin zeichnet sich das Drama auch schon ab. Jakob war zart, nicht gerade ein Partytiger, eher der häusliche Typ. Er hing lieber daheim bei Mama

Rebecca herum und lernte kochen und andere prakti-
sche Sachen. Und er hatte offenbar genug Zeit zum
Nachdenken. Kein Wunder, dass er Mamas Liebling
war. Esau dagegen war stark und ganz schön behaart
und nicht besonders schlau. Er konnte aber super
jagen und war dauernd unterwegs, immer auf der
Pirsch. Er war Papas Liebling. Ist ja auch heute noch
so, dass fast alle Eltern ein uneingestandenes Lieb-
lingskind haben.

Esau war der Ältere von den beiden und deshalb war
es klar, dass er einmal erben würde, Papas Segen
nämlich. Das war damals so. Dieser Segen war natürlich unglaublich viel wert. Wenn man also der Zweitgeborene war, hatte man wenig zu lachen, denn den
Segen bekam man nicht, keine Chance. Den bekam
nur der Erstgeborene.

Aber Jakob war wie gesagt der Schlauere. Eines Tages
kommt Esau völlig ausgehungert und ausgezehrt von
der Jagd nach Hause. Er sieht, dass Jakob ein Linsengericht gekocht hat, und will sich gerade darüberstür-
zen. Da hat der Jakob einen Geistesblitz: Er schlägt
seinem Bruder einen Deal vor: Linsengericht gegen
Erstgeburtsrecht. Genial, oder?

Die Rechnung geht auf. Esau schlägt ein und langt bei
den Linsen kräftig zu. Mama Rebecca bekommt im
Hintergrund natürlich alles mit und freut sich, dass ihr
Lieblingssohn so gescheit ist.

Bald darauf kommt, was einmal kommen muss: Papa
Isaak, schon fast erblindet, legt sich zum Sterben nieder
und will quasi sein Testament machen. Sprich, er will
seinen Erstgeborenen segnen. Er bittet Esau, für ihn
ein letztes Mal etwas Leckeres zu jagen und auf den
Grill zu werfen, dann will er ihm seinen Segen geben.

Mama Rebecca, die Verbündete Jakobs, hat das gehört
und gleich brühwarm ihrem Sohn erzählt. Und dann
waren sie schnell: Während Esau auf der Jagd ist,
kocht Jakob etwas und zieht sich Esaus Kleider an.
Mama, die Schlaue, bindet ihm noch ein Fell um die
Arme – du weißt schon, der Esau ist recht behaart.
Und so geht Jakob zum Papa. Der fällt auf den Schwin-
del herein und gibt dem Jüngeren seinen Segen.

Als Esau heimkommt und das durchtriebene Spiel
seines Bruders durchschaut, schreit und tobt er.
Kein Wunder, dass er seinem Bruder gleich an den
Kragen will. Aber da ist halt nichts mehr zu machen.
Jakob taucht sicherheitshalber erst einmal unter, bis
sich die Aufregung gelegt hat.

So war das damals.

Was du aus dieser Story lernen kannst? Ich fasse
zusammen: Sei der Liebling. Such dir Verbündete.
Sei listig, gern auch hinterlistig. Lege dir einen Plan
zurecht. Ziehe deinen Plan durch. Und schau, dass du
im Testament stehst.

Schleichender Charakter

Eigentlich hast du's in den Genen

Jetzt weißt du, dass das Erbschleichen eine wahnsinnig lange Tradition hat. Und wundern tut dich das bestimmt nicht, oder? Etwas wird schließlich dann zur Tradition, wenn es sich bewährt, immer und immer wieder.

Wenn du jetzt denkst, dass der Jakob schon ein schlimmer Finger war, weil er dem Papa etwas vorgemacht hat, dann frage ich dich: Fändest du das fair, wenn du leer ausgehen würdest, nur weil du ein paar Sekunden nach deinem Bruder auf die Welt gekommen bist? Na eben. Diese ungerechte Laune der Natur darf man schon ein bisschen ausgleichen, indem man aktiv nachhilft. Und Papa Isaak hat's bestimmt nicht geschadet, der hat das ja nicht einmal mitbekommen und dann war er auch schon tot.

REGEL NUMMER 4:
SEI EIN KLUGER KOPF UND KORRIGIERE DEN LAUF DES GESCHEHENS ZU DEINEM VORTEIL.

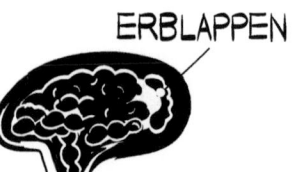

ERBLAPPEN

Lass uns also darüber reden, was du für Voraussetzungen brauchst, um ein erfolgreicher Erbschleicher zu sein. Machen wir eine Art Jobdescription und beginnen wir mit den für die Ausübung der Aufgaben notwendigen Trieben, Instinkten und Eigenschaften.

Es gibt etwas, das du für die Erbjagd unbedingt brauchst: den Jagdtrieb. Und jetzt die gute Nachricht: Den haben alle

Menschen in sich, also auch du. Er ist wichtig, denn er motiviert dich und treibt dich an und hilft dir, dranzubleiben. Den hatten übrigens schon Herr und Frau Neandertaler, also deine Ahnen genauso wie meine. Denken wir die Sache einmal durch: Wenn dein Ur-ur-ur-ur-ur-ur-ur-Großvater, nennen wir ihn Opa habilis, von der Jagd heimkam und dabei mit einem mächtigen Rehbock über den Schultern in die Höhle trat, dann hat er ganz schön Eindruck geschunden bei Oma habilis. Die hat bestimmt große Augen gekriegt und war mächtig stolz auf ihren starken Mann. Oder glaubst du im Ernst, sie wäre ihm um den Hals gefallen, wenn er nur mit ein paar Grashalmen angetanzt wäre? Na siehst du. Mit veganen Nahrungsmitteln kannst du vielleicht heute Erfolg bei den Frauen haben. Damals hattest du sicher keine Chance.

Dem Jagdtrieb von deinem Opa habilis ist es also zu verdanken, dass du heute überhaupt darüber nachdenken kannst, wie du zu einem schönen Erbe kommst. Ohne diesen essenziellen Trieb hätte Opa habilis deine Oma habilis nicht rumgekriegt, keine Nachkommen zeugen, sie nicht ernähren und es nicht zu einem gewissen Wohlstand bringen können. Du kannst den Trieben deiner prähistori-schen Vorfahren also dankbar sein und dich freuen, dass du sie genauso in dir hast. Die Evolution hat sich etwas dabei gedacht.

REGEL NUMMER 5:
MACH DIR DEINEN NATÜRLICHEN JAGDTRIEB ZUNUTZE.

21

Wir haben also alle tief in uns den Wunsch zu jagen und zu sammeln und uns zu mehren. Jetzt kannst du sagen: Aber den Jagdtrieb kann man auf verschiedene Arten ausleben, man muss ja nicht gleich nach einem Erbe jagen. Sicher, du kannst auch shoppen gehen und zig Handtaschen und Hunderte Paar Schuhe erbeuten oder dir immer dickere Autos leisten. Aber erstens brauchst du dafür Geld und zweitens Grund und Boden, um all deine Beute unterzubringen. Und an den nötigen Zaster und eine entsprechende Liegenschaft – sagen wir ein kleines Schloss oder eine große Dachterrassenwohnung – kommst du am schnellsten, indem du etwas erbst.

Du kommst also um eine Erbschaft nicht herum. Da kannst du deinen Jagdtrieb ja gleich fürs Erben einsetzen. Versüße ein paar älteren Herrschaften ihren Lebensabend, indem du ein wenig für sie sorgst, dir bei Kaffee und Kuchen über ihr langes Leben erzählen lässt (wo du viel über die Familie und somit Erbschaftskandidaten erfährst, die dir gefährlich werden könnten), sie gelegentlich zum Friedhof oder zum Internisten kutschierst (wodurch du immer auf dem Laufenden bleibst, was den Gesundheitszustand und den Zeitpunkt des möglichen Ablebens betrifft), indem du sie zur Bank begleitest (und dich dabei über den Kontostand informierst) und natürlich zum Notar (wo dir die dankbaren Leutchen eine Vorsorgevollmacht unterschreiben, damit du dich auch um alles kümmern kannst, falls sie einmal krank sind).

Das klingt alles ein bisschen anstrengend, und das ist es auch. Erbschleichen ist zwar lukrativ, aber du musst eben auch einiges in Kauf nehmen. Damit du das gut hinbekommst, helfen dir noch ein paar weitere Eigenschaften: Da wären einmal Ehrgeiz und Gier recht hilfreich. Ehrgeiz treibt dich an, dein Ziel nicht aus den Augen zu verlieren.

Vom Ehrgeiz ist es nicht weit zum Geiz – und die Gier, die kommt dann schon von alleine, vor allem wenn du erste Erfolge verbuchen kannst.

List und Hinterlist sind auch nicht verkehrt, damit du die alten Leutchen ein bisschen in deinem Sinn manipulieren kannst. Zum Beispiel, wenn du eine Bankvollmacht anstrebst. Dein Name in einer Vollmacht und erst recht in einem Grundbuch beflügeln dich und befeuern deinen Ehrgeiz. Glaub mir.

List und Hinterlist musst du aber klug einsetzen. Die polnische Pflegerin Bogumila W. zum Beispiel war hinterlistig, hat aber bei ihren Patienten mit Gift nachgeholfen. Sehr unklug von ihr. Auch die berühmte Frau Blauensteiner hat es nicht erwarten können, bis ihre Patienten von selber starben. So was geht natürlich gar nicht! Du brauchst also auch ein gutes Quantum Geduld, um die Zeit für dich arbeiten zu lassen. Geduldig waren die beiden genannten Damen so gar nicht, und das haben sie sicher spätestens dann sehr bereut, als sie zum ersten Mal im Gefängnis das Klo putzen mussten.

REGEL NUMMER 6:

KULTIVIERE DEINEN EHRGEIZ UND GEIZ, DEINE GIER, LIST, HINTERLIST, SCHARFSICHT UND SKRUPELLOSIGKEIT.

Obwohl – so ein kleines Quantum Skrupellosigkeit ist nicht verkehrt. Ich weiß, das hörst du jetzt gar nicht gern. Schließlich möchtest du ein wertvolles Mitglied der Gesellschaft sein. Sei nicht empört, es muss ja nicht sein. Und falls du dir dann doch einmal eingestehen musst, dass die eine oder andere Aktion skrupellos war, kannst du dir eine hübsche Rechtfertigung zusammenreimen. Sehr beliebt ist: Das Erbe steht mir zu, ich habe mich doch schließlich bis zur Selbstaufgabe um die Mama gekümmert. Man will sich ja auch später noch in dem blattvergoldeten Spiegel anschauen können, da kann ich dich echt gut verstehen.

Zur Not kannst du dich auch ein wenig bei Machiavelli bedienen: Der Zweck heiligt die Mittel. So wie dein Opa habilis dem Mammut eine Falle gebaut hat, damit er etwas zu essen hatte und überleben konnte, so steht es auch dir zu, Fallen zu bauen, damit du einen schönen Lebensabend hast.

Noch etwas solltest du dir von deinen Ahnen abschauen: Sei immer scharfsichtig. Halte deine Augen immer offen, damit dir eine mögliche Beute nicht entgeht. Es tun sich überall Gelegenheiten auf, wo du schnell zugreifen musst, und es gibt Vorbilder, von denen du viel lernen kannst.

Bleibt noch eine sehr wichtige Eigenschaft zu erwähnen: die Verschwiegenheit. Was auch immer du planst oder tust, mach es im Geheimen. Das ist wirklich entscheidend! Halte die Klappe, tu bescheiden, sei zurückhaltend. Das gilt auch für die erste Zeit nach dem erfolgten Erbantritt. Prahle nicht mit der Rolex oder mit den neuen Brüsten, kauf dir vorerst einmal nichts, das den Argwohn anderer heraufbeschwört. Viel besser, du machst es wie Jakob, der ist ja auch zunächst einmal untergetaucht, bis sich die Wogen geglättet haben.

Ein bisschen Talent kann natürlich nie schaden. Du weißt schon, das ist das, was man nicht lernen kann. Aber wie der alte Thomas Alvar Edison schon erkannt hat: Genie ist ein Prozent Inspiration und 99 Prozent Transpiration. Du kannst also mangelndes Talent super wettmachen mit ganz viel Fleiß.

REGEL NUMMER 7:
ÜBE DICH IN GEDULD, VERSCHWIEGENHEIT UND FLEISS, WENN DEIN TALENT NICHT REICHT.

Wenn wir hier schon an einer Art Jobdescription für den Beruf „Erbschleicher" basteln, sollten wir vielleicht auch noch den Job selbst definieren. Oder es zumindest versuchen, denn das ist gar nicht einfach. Juristisch gibt es diese Bezeichnung „Erbschleichen" nämlich nicht einmal. Es handelt sich eher um einen Sammelbegriff für verschiedenste Methoden. Mein Vorschlag: Erbschleichen ist ein Vorgang, bei dem jemand versucht, den potenziellen Erblasser im Rahmen der Legalität positiv zu beeinflussen, damit er etwas geschenkt oder vererbt bekommt, das er ohne eine gewisse Einflussnahme nicht bekommen würde. Das ist ja nichts Schlimmes. Vor allem: Du arbeitest hart dafür, also hast du es auch verdient.

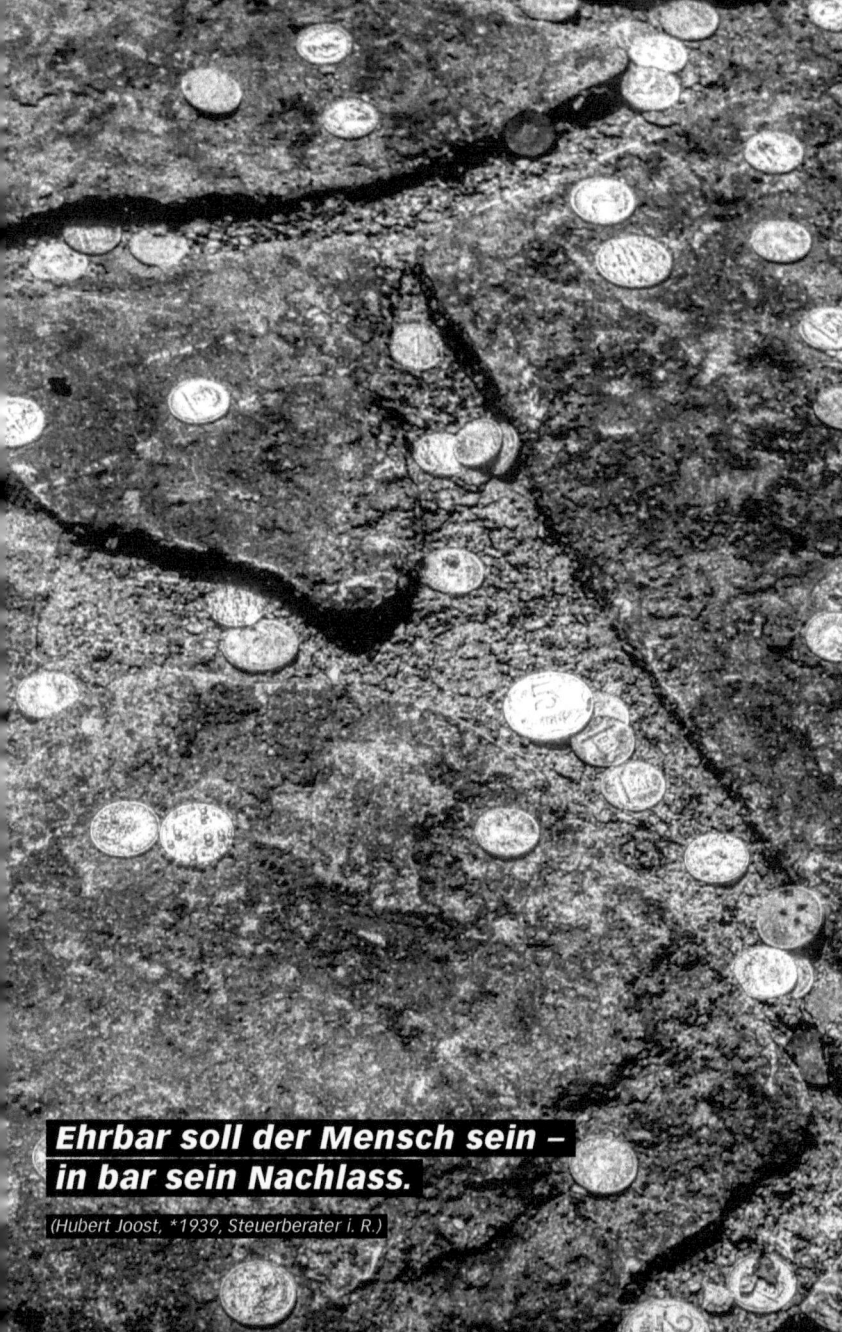

**Ehrbar soll der Mensch sein –
in bar sein Nachlass.**

(Hubert Joost, *1939, Steuerberater i. R.)

Des Schleichers Jagdrevier

Wie du einen Erblasser findest

Lass uns jetzt konkret werden, machen wir uns auf die Suche nach einem passenden Erblasser für dich. Nach einer möglichst betuchten Person. Du meinst, so jemanden kennst du nicht? Täusch dich nicht. Oft muss man nur ein klein wenig hinter die scheinbar heruntergekommenen Kulissen blicken. Die Goldsucher sieben sich schließlich auch zuerst einmal durch einen Haufen Kiesel, bis sie zum wertvollsten Edelmetall der Welt gelangen. Ich habe für dich ein bisschen recherchiert, damit du siehst, dass du dich nicht zu schnell von vermeintlicher Armut abschrecken lassen solltest.

Du lebst in einem Land der Sparer. Alleine auf diversen Sparkonten, in Aktien und natürlich auch unter dem berühmten Kopfpolster bunkern die Menschen Milliarden! Ach so, darunter kannst du dir jetzt nicht so viel vorstellen. Entschuldige. Also ganz konkret: In Österreich und Deutschland hat jeder Haushalt im Durchschnitt etwa 50.000 Euro gespart oder angelegt. In der Schweiz ist das Geld ganz offensichtlich zu Hause, dort hat der durchschnittliche Haushalt 170.000 Euro auf der hohen Kante liegen. Falls du wie ich einer Generation angehörst, die sich noch an Festnetztelefone und die grässliche Mode der 80er erinnern kann: Das sind umgerechnet knapp 700.000 Schilling bzw. 100.000 Mark und in der Schweiz fast 200.000 Franken. Dieses Vermögen hat im Schnitt jeder Haushalt. Und nein, Immobilien sind da noch gar nicht mitgerechnet. Auch Schmuck und Goldmünzen nicht.

Doch Geld ist nicht alles: Viele Menschen haben eine Lebensversicherung abgeschlossen, die erst nach ihrem

Ableben ausgezahlt wird, und zwar an die Erben.

Andere wieder – oder sogar auch dieselben – haben Bücher geschrieben und bekommen dafür Tantiemen, die auf dich als Erben übergehen würden – so was bringt dir dann laufend Einnahmen. Dasselbe gilt für Patente auf Erfindungen oder für Lieder, die jemand einmal geschrieben hat und die irgendein Radiosender auf seine Hörer loslässt. Stell dir nur vor: Wenn George Michael dem anderen Geschlecht zugetan gewesen wäre und für Nachwuchs gesorgt hätte, würden noch seine Enkel daran verdienen, dass „Last Christmas" jedes Jahr die Einkaufszentren dieser Welt akustisch tapeziert. Auch manch ödes und verstaubtes Ölgemälde aus Tante Friedas Wohnung könnte einem Sammler einen fünf- oder sechsstelligen Betrag wert sein, wer weiß das schon?

REGEL NUMMER 8:
SCHAU GENAU. SO MANCHE BESCHEIDENE FASSADE VERBIRGT DIE SCHILLERNDSTEN SCHÄTZE.

Du merkst schon: Zu erben gibt es genug. Alles andere sind faule Ausreden. Die Medien sind voll von Berichten, die dir als Anregung dienen und den Weg weisen können. Auch im Alltag musst du nur deine Augen aufmachen und dich umschauen, umhören, nachfragen. Am besten gehst du dabei systematisch vor, dann ist der Erfolg vorprogrammiert.

Und zwar so: Als Erstes schaust du dich in deiner eigenen Familie um. Ist dir schon aufgefallen, wie viele deiner Verwandten alleine leben? Geschieden sind? Kinderlos? Oder von den eigenen Kindern sträflich vernachlässigt werden?

Und komm mir jetzt bitte nicht mit einem reichen Onkel aus Amerika, von dem du wahrscheinlich nichts weißt. Solche Geschichten findest du nur im Samstagnachmittag-Fernsehprogramm, nicht im echten Leben. Fantasiere also nicht herum, schau genau: Da gibt es sicher einen fast schon vergessenen entfernten Großonkel, zu dem der Kontakt leider vor Jahren abgebrochen ist. Lass ihn wieder aufleben, den Kontakt!

Solltest du in deiner unmittelbaren Verwandtschaft wirklich nicht fündig werden oder aber auf mehrere Pferde setzen wollen (wozu ich dich im Übrigen herzlich auffordern möchte), dann zieh den Kreis weiter. Deine Eltern oder Großeltern oder Tanten und Onkel haben sicher Bekannte, die schon älter sind und zunehmend einsamer werden, weil sich keiner um sie kümmert. Versetze dich in ihre Lage: Ihre Freunde sterben nach und nach weg, es wird immer ruhiger und langweiliger in ihrem Leben. Was glaubst du, wie die sich freuen, wenn du sie ab und zu mit einem selbstgebackenen Kuchen überraschst oder sie mit dem Auto zum Bridgeclub bringst? Ich vermute einmal, sie freuen sich so sehr, dass sie dir schon bald aus Dankbarkeit eine Vorsorgevollmacht unterschreiben werden.

REGEL NUMMER 9:
IST IN DER FAMILIE NICHTS ZU HOLEN, SUCHE IM BEKANNTENKREIS ODER IN DEINEM BERUFSUMFELD.

In deiner Familie und bei deren Freunden ist wirklich Ebbe? Kein Grund zur Panik. Denk einmal über dein berufliches Umfeld nach. Was machst du? Bist du Verkäuferin?

Gärtner? Putzfrau? Installateur? Elektriker? Oder vielleicht sogar Pfarrer? Super, gratuliere! Eigentlich kommt man ja in fast jedem Beruf mit Menschen zusammen, aber in manchen hat man besonders viele soziale Kontakte. Wenn du Verkäuferin bist, dann pflege deine Stammkundschaft sorgsam – wenn schon nicht wegen deines Chefs und seiner Fantasien über Umsatzziele, dann wenigstens wegen der Aussicht auf ein gutes Erbe. So manche alte Dame freut sich, wenn du nicht nur Verständnis für ihre aus den Fugen geratene Figur hast, sondern auch Zeit für das eine oder andere Pläuschchen – das kann in Bezug auf Informationen über Vermögen und undankbare Nachkommen sehr erhellend sein.

Als Gärtner oder Putzfrau kannst du die Gunst deiner Unentbehrlichkeit nutzen – mach dich beliebt, mach deinen Auftraggebern ab und zu eine Freude, sie werden es dir danken. Auch als Handwerker bekommst du kraft deines Amtes Zugang ins Allerheiligste deiner Kunden – findest du dort einen echten Picasso, dann weißt du, was du zu tun hast. Du siehst: War dir dein Job bis jetzt vielleicht eher lästig, wird er jetzt zu einer wahren Quelle potenzieller Erblasser. Ein Geschenk – wenn du schlau bist, sogar wort-wörtlich. Die Königsdisziplin ist nämlich die Schenkung, am besten schon vor dem Tod, zumindest aber „auf den Todes-fall", wie das so schön heißt. Aber dazu etwas später mehr.

Bleiben wir noch bei deinen Jagdrevieren. Denn es kann ja sein, dass du einen recht kontaktarmen Job hast – Autorin zum Beispiel, wo du die meiste Zeit deines Lebens alleine in deinem Homeoffice hockst und deiner Seele Geschichten zu entlocken versuchst. In so einem Fall ist es immer gut, wenn du dich sozial engagierst. Da kannst du dich beim Pfarrfest um die Senioren kümmern oder im Auftrag der Gemeinde älteren Leutchen zu ihrem 90. Geburtstag einen

Blumenstrauß vorbeibringen. Du hast sicher eine gute Erziehung genossen und weißt, wie man höflich ist und Smalltalk betreibt. Jetzt sagst du vielleicht: Ehrenämter und soziales Engagement sind nichts für mich. Ich habe ja nicht umsonst einen eigenbrötlerischen Job gewählt. Nun, ein bisschen anstrengen musst du dich schon. Probiere es zumindest aus: Es gibt Vereine und Organisationen wie die Caritas, das Hilfswerk oder die Kirche, die sich um ihre Mitmenschen sorgen. Die freuen sich immer über Unterstützung in Form von ehrenamtlicher Tätigkeit, sie werden also deine großzügige Hilfe inklusive Blumenstrauß-Diensten dankbar annehmen. Von Altersheimen nimm lieber Abstand: Die dortigen Bewohner haben ihren Erb-Kuchen meist schon restlos auf das sie liebevoll betreuende Personal aufgeteilt.

REGEL NUMMER 10:
DEIN JAGDREVIER IST ÜBERALL, WO MENSCHEN SIND.

Ich hab dir zu Beginn dieses Kapitels gesagt, dass du systematisch vorgehen solltest bei deiner Schatzsuche. Aber versteif dich nicht zu sehr darauf, denn im Grunde kannst du wirklich überall einem potenziellen Erblasser über den Weg laufen. Sei ganz allgemein wachsam: Schon morgen kann dir im Wartezimmer beim Arzt oder im Speisewaggon im Zug eine Zufallsbekanntschaft begegnen, die genau deinem Beuteschema entspricht. Dann halte dich ran, auch wenn du das Feld vielleicht zunächst noch ein bisschen beackern musst, um zum blinkenden Edelmetall vorzudringen.

Die Menschen verwinden rascher den Tod ihres Vaters als den Verlust des väterlichen Erbes.

(Niccoló Machiavelli, 1469–1527, italienischer Staatsmann)

SEI DER NACHBAR
MIT DER HECKENSCHERE

Selbst deine Nachbarschaft kann ein fruchtbares Erbschleicher-Terrain sein. Das hat sogar den wunderbaren Vorteil, dass du es für deine Besuchs- und Chauffeur-Dienste zu den Oldies nicht weit hast. Damit hast du meistens einen richtig dicken Startvorteil gegenüber den Blutsverwandten deines Erblassers, weil sie viel weiter weg wohnen und damit auch weit genug weg sind vom Zentrum deiner Bemühungen und du unbeobachtet deines Amtes walten kannst.

Lass mich dazu eine kleine Geschichte erzählen.

Eine Freundin von mir hat eine Oma mit einem großen Garten. Der macht viel Arbeit. Damit der Garten regelmäßig gehegt und gepflegt wird, hat die Oma einen Helfer aus der Nachbarschaft eingestellt, weil sie es mit dem Kreuz hat und ihr in den letzten Jahren das Rheuma in die Finger gefahren ist.

Der gute Mann schnitt anfangs nur die Hecken, weil er der Einzige in der Gasse war, der eine Heckenschere hatte. Weil er ein geselliger Mann war, hat er auch immer gerne mit der Oma geplaudert. Manchmal ergaben sich richtig intensive Gespräche, und schon bald unternahmen die beiden Ausflüge miteinander.

Die Oma genoss das alles sehr. Ihre Familie hatte ja keine Zeit für sie und sie hatte sowieso den Eindruck, dass sie denen nur auf die Nerven ging. Nach ein paar netten Ausflügen mit dem Nachbarn mit der Heckenschere kam sie zu der Einsicht: Ihr Haus und den liebevoll gepflegten Garten, das soll alles er bekommen. Der hat es sich ja auch viel eher verdient als die undankbare Enkeltochter, die nur alle zwei Wochen auf einen Kaffee vorbeischaut.

So war das!

Diese kleine Story hat gleich mehrere Lektionen im Gepäck: Praktisch hinter jeder Ecke lauern potenzielle Erblasser. Manchmal sind sie ganz nah, und da kannst du Kinder, Enkel und Geschwister mir nix, dir nix ausbooten. Du musst aber auch bereit sein, etwas für dein Erbe zu tun. Einfach nur Kohle abcashen ohne Gegenleistung wie zum Beispiel Rasenmähen wird nicht klappen.

Schleiche schlau

Welche Grundwerkzeuge du unbedingt brauchst

Wenn du erst einmal dein Ziel oder deine Ziele kennst (du weißt ja bereits, dass du auch mehrgleisig fahren kannst), kannst du schon loslegen. Ich gebe dir ein paar Werkzeuge mit auf den Weg, damit alles so läuft, wie du dir das wünschst. Wenn du diese Regeln immer beachtest, wirst du über den einen oder anderen Stolperstein ganz leichtfüßig drüberhüpfen.

Zunächst will ich dich auf etwas ganz Wichtiges hinweisen: Lass dich nicht von Äußerlichkeiten abschrecken. Auch Dunkelheit kann blenden. Im Fall der Oma mit dem Garten und dem Nachbarn mit der Heckenschere ist die Sache ja eindeutig: Schönes Haus vorhanden, großer Garten, alles super – sichere Nummer für dich. Aber oft trügt der äußere Schein: Eine ungepflegte Wohnung mit Möbeln aus der Vorkriegszeit muss noch lange nicht heißen, dass da nicht ein dickes Sparbuch zwischen den Stützstrümpfen steckt oder die diamantbesetzten Uhren sich hinter der Bettwäsche verstecken. Das kann sogar ein gutes Zeichen sein: Hätte der Opa sein Geld in teure Einrichtung gesteckt, gäbe es ja nichts zu erben. Gerade Menschen, die noch in der Nachkriegszeit aufgewachsen sind, neigen zum Horten ihrer Schätze. Nicht selten findet man Geld oder Schmuck in Kaffeedosen im Vorratsschrank, zwischen Kompottgläsern im Kellerregal oder unter dem Deckel des Spülkastens im Klo. Stell dir vor, manche haben sogar die Golddukaten in den Saum ihres Mantels eingenäht. Das bringt ihnen zwar nichts, weil sie den Schmuck nicht tragen und das Geld immer weniger wert wird, aber du weißt ja, wie Menschen sind: Viele gönnen sich nicht einmal selbst etwas, diese Geizhälse!

REGEL NUMMER 11:
WERDE ZUM PERSÖNLICHEN GELDBERATER FÜR DEINE(N) ERBLASSER.

Blöd ist nur, dass es auf den ersten Blick schwer erkennbar ist, ob es da etwas zu holen gibt oder nicht. Deshalb rate ich dir: Unterstütze deinen Erblasser in spe möglichst gut dabei, seine Finanzen auf Vordermann zu bringen. Das heißt: Geh mit ihm zur Bank, steh ihm bei, wenn er einen Dauerauftrag ändern muss, denn das sind für ihn meist komplizierte Vorgänge. Da ist er dankbar, wenn du hilfst. Wenn er einmal im Monat sein Pensionsgeld abhebt, fällt vielleicht auch ein bisschen was als Dankeschön für deine Begleitdienste ab. Das musst du überhaupt wissen: Erben ist zwar etwas sehr Erfreuliches, aber es ist natürlich immer ein gewisses Risiko dabei. Ein Testament kann jederzeit widerrufen werden. Daher sind so kleine Geschenke zur Lebenszeit noch viel erfreulicher.

Überhaupt ist alles, was du geschenkt bekommst, eine super Sache. Stell dir vor, dein Erbonkel hat einen Bugatti Royale Kellner Coupé von 1931 in der Garage stehen. Du bist fast umgefallen vor Begeisterung, als er ihn dir das erste Mal gezeigt hat – ein Oldtimer, der ein paar Millionen Euro wert ist! Nachdem du ihm oft genug klargemacht hast, wie sehr du Oldtimer grundsätzlich und diesen im Speziellen verehrst, redet er nun endlich davon, ihn dir vererben zu wollen. Na geht doch! Noch viel besser allerdings ist es, wenn er dir den Bugatti jetzt gleich überschreibt. Du weißt schon, was man hat, das hat man. Besser eine Schenkung, bei der du jetzt schon im Typenschein stehst, als ein Testament, das womöglich noch umgeschrieben wird, sodass du leer ausgehst.

REGEL NUMMER 12:
PEILE WENN MÖGLICH EINE SCHENKUNG AN. WAS DU HEUTE HAST, KANN DIR MORGEN KEINER WEGNEHMEN.

Doch kehren wir zurück zu den Bankgeschäften, es hat ja nicht jeder einen solchen Fuhrpark zu vererben. Falls du dich vorhin gefragt hast, ob ich hinterm Mond lebe, weil ich anrege, dass du mit zur Bank gehst, wo man doch heutzutage alles per E-Banking erledigt: Die meisten alten Leutchen sind diesem modernen Zeug gegenüber misstrauisch. Versetz dich einmal in ihre Lage: Vermutlich haben sie ihre gesamte Berufszeit bis zur Pensionierung weitgehend ohne Computer verbracht. Der ist ihnen also nicht geheuer. Sie haben schon so viel gehört von Viren und von Hackern, diesem Teufelszeug kann man also nicht trauen. Schon gar nicht, wenn es um Geld geht. Bei Geld, da verlässt man sich besser auf den Bankangestellten (und ansonsten auf den Sparstrumpf in der Kommode). Nein, nein, am besten erledigt man alle Finanzgeschäfte immer noch persönlich in der Bankfiliale.

Du gehst da natürlich sehr gerne mit und hilfst beim Ausdrucken der Kontoauszüge. Natürlich setzt du dich auch dazu, wenn der Bankberater etwas Wichtiges erklärt – vier Ohren hören bekanntlich mehr als zwei, und bei dem komplizierten Zeug, das so ein Bankmensch von sich gibt, ist

FÜR NEFFENBUBI

es gut, wenn ein jüngerer Mensch dabei ist, der das alles versteht. Außerdem muss man da so vorsichtig sein: Die Menschen im Allgemeinen sind ja heute alle nur aufs Geld aus und hauen dir bei der ersten Gelegenheit die Hacke ins Kreuz. Man hat auch schon gehört, dass sogar Bankangestellte alte Leute nicht ernst nehmen und mit ihnen umspringen, wie es ihnen gerade passt. Wenn du als Auskenner dabei bist, kann nichts passieren. Da fühlt sich dein Erblasser in spe sicher und geborgen, und das sorgt außerdem für eine stärkere emotionale Bindung zwischen euch.

Du hilfst also beim Kleingedruckten und, ganz wichtig, du unterstützt auch bei der Vorsorge. Was, wenn Onkel Eduard einmal krank ist oder – Gott behüte – sogar ins Krankenhaus muss? Dafür müsst ihr gewappnet sein. Nicht, dass es dann zu spät ist und die Miete nicht überwiesen wird. Also bietest du großzügigerweise an, dich im Ernstfall um alles zu kümmern. Das geht natürlich nur mit einer Bankvollmacht. Oder noch besser: mit einer Vorsorgevollmacht – dann kannst du dich nämlich gleich um alles kümmern, nicht nur ums Geld, sondern auch um alle anderen Dinge, wenn dein Erblasser nicht mehr so richtig kann. Auch ein Testament, in dem du drinstehst, ist dringend anzuraten, solange dein alter Mensch noch zurechnungsfähig ist.

REGEL NUMMER 13:
EINE VORSORGEVOLLMACHT IST DER FERRARI UNTER DEN MACHTINSTRUMENTEN.

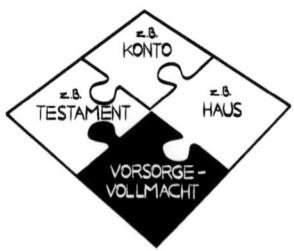

All das ist heute schnell organisiert. Da fahrt ihr einfach einmal zufällig am Rückweg von der Konditorei beim Notar deines Vertrauens vorbei und erledigt das rechtzeitig. Man hört ja immer wieder von Leuten, die auf einmal ganz überraschend krank geworden sind, und dann war es zu spät. Wenn der Onkel zum Beispiel einmal nicht mehr ganz zurechnungsfähig ist, darf er eine Vollmacht oder ein Testament gar nicht mehr unterschreiben. Oder wenn er ins Spital muss und er keine Angehörigen hat, dann hast du keine Chance, von den Ärzten zu erfahren, wie es um ihn steht. In einer Vorsorgevollmacht kannst du eine Patientenverfügung gleich mitvereinbaren, damit du im Bilde bist, wenn es womöglich zu Ende geht.

Natürlich solltest du auch wissen, wo er seine Sparbücher versteckt und welches Losungswort er verwendet. Und du musst auch darüber informiert sein, wo die Schlüssel zum Safe und zum Bankschließfach sind, sonst nützt dir auch der ganze Papierkram am Ende nicht viel.

REGEL NUMMER 14:
BESORGE DIR LOSUNGSWÖRTER, ADRESSEN DER LIEGENSCHAFTEN, NUMMERN VON KONTOS UND SCHLIESSFÄCHERN SOWIE DEN ZAHLENCODE DES SAFES.

Um all das mach bitte kein großes Aufsehen. Auch wenn du sonst vielleicht eher ein lauter Mensch sein solltest – hier gilt in erster Linie: Diskretion wahren. Dass du dich intensiv um deine älteren Mitmenschen kümmerst, sie regelmäßig anrufst, besuchst, herumchauffierst und vor allem, dass du ihnen auch bei den lästigen Geldangelegenheiten hilfst, das ist für andere nun wirklich nicht interessant. Das brauchst du nicht an die große Glocke zu hängen.

Die Leute sind ja alle so verdorben. Die lesen zu viele von diesen Gratiszeitungen, in denen die ärgsten Räuberge-schichten drinstehen. Kein Wunder, dass sie dann immer gleich das Schlechteste annehmen. Also besser, man bringt sie gar nicht erst auf böse Gedanken. Verhalte dich ruhig und rede lieber übers Wetter.

Noch ein spezielles Thema möchte ich ansprechen, das dir vielleicht unangenehm ist. Tut mir leid, muss sein. Besonders, wenn du noch jünger bist, dein Erblasser vom anderen Geschlecht ist und nicht mit dir verwandt. Das heißt nämlich, dass du mit hoher Wahrscheinlichkeit auch körper-lichen Einsatz zeigen musst, wenn du verstehst, was ich meine. Und wenn du nicht weißt, was ich meine, dann sage ich es dir: Ich meine Sex. Überleg dir das bitte schon bei der Auswahl deines Erblassers gut, wozu du da bereit wärst, und setze im Zweifelsfall eher auf eine ältere Dame, wenn du selbst eine junge Frau bist. Vielleicht bist du aber ohnehin sehr offen veranlagt oder hast sogar einen Vater- oder Mutterkomplex. Wunderbar! Dann kannst du die Sache ganz entspannt angehen.

Von langem Leid bist du genesen,
zu früh schon sind wir froh gewesen.

(aus Westfalen)

VERDIENTES ERBE

Du hast jetzt schon sehr viel gelernt, und damit du dir alles auch gut merken kannst, spielen wir das einmal an einem Beispiel durch. Wir nehmen gleich ein schwieriges Exempel: Du hast einen Bruder, aber du willst alles alleine erben. Hier ist die Esau-und-Jakob-Geschichte auf modern:

Stell dir vor, du bist die erstgeborene Tochter. Du warst die Prinzessin für deinen Papa und der Sonnenschein deiner Mama. Sieben Jahre lang hattest du das Paradies auf Erden, dann bekam deine Mama einen dicken Bauch und schließlich stand sie mit einem kleinen Schreihals in der Tür.

Aus war es mit der Ruhe. Ab jetzt war dieser Wicht ständig der Mittelpunkt und du nur noch die große Schwester. Susi, mach dies, Susi, mach das, pass auf deinen kleinen Bruder auf. Der Burli braucht dies, der Burli braucht das. Dein Prinzessinnen-Dasein war mit einem Schlag beendet, jetzt gab es nur noch Mamas Prinz, der nur einmal lieb schauen brauchte, um zu kriegen, was er haben wollte, während du zu Kreuze kriechen musstest.

Sicher, wenn es grade gepasst hat, da hast du ihn schon manchmal gezwickt. Dass er einmal eine Ohrfeige bekam, weil du deinem Papa klargemacht hast, dass nicht du, sondern er den Fernseher demoliert hat, das war dir ein kleiner Trost. Und dass er damals mit dem Regenschirm vom Birnbaum gesprungen ist, weil er geglaubt hat, er kann damit fliegen – da kannst du gar nichts dafür. Echt nicht.

Mit den Jahren wurdet ihr größer, aber es änderte sich nix. Burli war immer noch der Prinz. Für jeden Einser in der Schule wurde er gelobt, der Streber. Die Matura schaffte er mit links, dann den Magister auch noch. Die Mama hat gestrahlt wie ein Hutschpferd und der Papa ist fast geplatzt vor Stolz.

Bei dir ist es nicht so gut gelaufen: noch vor dem Schulabschluss schon schwanger, keine Ausbildung und beziehungsmäßig gab es auch einen Reinfall nach dem anderen.

Aber jetzt hast du die große Chance, dass sich das Blatt wendet. Die Eltern sind alt geworden und brauchen Hilfe. Dein Sohnemann ist aus dem Haus und du bist wieder einmal arbeitslos. Du hast also viel Zeit. Die nutzt du.

Die Eltern sind nicht nur alt, sondern schon ziemlich schwach, und die Mama ist außerdem krank. Und wer, wenn nicht du, sollte ihr helfen? Weil, der Burli ist ja beruflich so extrem erfolgreich, dass er für nichts und niemanden Zeit hat, typisch.

Du ziehst bei deinen Eltern ein. Das ist zwar jetzt nicht gerade das Gelbe vom Ei, dass du wieder in deinem Jugendbett schlafen musst, aber ein bisschen etwas nimmst du schon in Kauf. Außerdem sparst du viel Geld, wenn du deine Wohnung aufgibst. Dieses ist der erste Streich.

Als Nächstes kümmerst du dich rührend um deine alten Leute. Der Papa ist schon sehr schwach und tut sich schwer mit dem Gehen. Da ist es ganz logisch, dass du ihm jetzt die Bankwege abnimmst. Du kannst ihn doch nicht leiden sehen, wenn er sich mit seinem Rollator auf dem Weg zur Bankfiliale so quält!

Der Papa ist begeistert, dass du das für ihn machen willst. Aber du gehst gleich noch einen Schritt weiter, denn du willst Nägel mit Köpfen machen. Das Gescheiteste wäre, wenn du gleich eine Vorsorgevollmacht bekämst, denn mit der kannst du nicht nur Finanzangelegenheiten regeln, sondern auch noch alles andere. Weil alle zwei nicht gut zu Fuß sind, lässt du einen Notar ins Haus kommen, der setzt diese Vollmacht auf. Super!

Der Notar ist ein prima Typ und redet sich in Fahrt, was die Möglichkeiten rund um Vorsorge und Erbe anlangt. Da fallen auch die Stichworte Schenkung und Absicherung der aufopfernden Tochter. Wär doch eine Tragödie, wenn die Tochter eines Tages ohne Dach über dem Kopf dastehen würde, nur weil sie ihre ganze Energie in die Elternpflege steckt anstatt in einen lukrativen Job. Na, soweit kommt's noch, sagen die beiden ganz entsetzt. Du musst dann gar nicht mehr viel tun, sondern dich nur noch um einen Schenkungsvertrag kümmern. Das Losungswort für die Sparbücher, das kennst du ja sowieso schon lang: „Burli", was sonst! Wäre da nur noch die Sache mit dem Prinzen. Dass er vielbeschäftigt ist, ist ein großer Vorteil. Trotzdem musst du auf der Hut sein, dass er dir nicht in die Quere kommt.

Aber das ist eine andere Geschichte.

Schleichender Mitbewerb

Nicht nur du willst erben

Alles klar so weit? Du hast deinen Erblasser gefunden und ins Visier genommen. Du weißt, was er zu vererben hat, und weißt auch, wie du es hinkriegst, dass der Zaster zu dir rüberwandert? Gut. Aber, oh, was musst du feststellen? Da schwirren plötzlich Menschen um deinen Erblasser herum, die zu Beginn nicht da waren! Du bist ganz offensichtlich nicht alleine. Es ist wie so oft im Leben: Wo es etwas zu holen gibt, da geht's rund. Kaum legt man ein paar frische Äpfel in die Obstschale, sind sie schon da, die Fruchtfliegen. Ein Fischschwarm? Der Hai ist nicht weit! Frisches, süßes Blut? Schon bringen sich die Blutsauger in Stellung. Und genauso ist es auch, wenn es was zu erben gibt. Da sind es keine Mücken oder Haie, sondern etwas viel Schlimmeres: das Tier Mensch, das den Braten riecht.

Für dich heißt das: oberste Vorsicht! Es wäre doch wirklich ärgerlich, wenn einer dieser Schmarotzer dich ausbooten würde! Du brauchst dringend eine Strategie, um deine Mitbewerber unschädlich zu machen.

REGEL NUMMER 15:
ANALYSIERE DEINE SCHÄRFSTEN KONKURRENTEN UND MACH ES BESSER ALS SIE.

Analysieren, das klingt jetzt vielleicht ein bisschen wissenschaftlich. Hab keine Angst, für das, was ich meine, musst du kein Genie sein. Auch wenn du den Pflichtschulabschluss nur knapp geschafft hast: Das kriegst du locker hin. Oder ist dir noch nicht aufgefallen, dass die Besten in der Schule noch lange nicht die Erfolgreichsten im Leben sind? Na also.

Du beginnst idealerweise mit einer Liste, auf der du alle in Frage kommenden Mitbewerberinnen und Mitbewerber notierst. Klar, manche agieren so wie du im Geheimen, die kannst du jetzt noch nicht kennen. Macht nichts, du kriegst die schon noch mit. Ich zeige dir anhand eines Beispiels, wie du vorgehen kannst.

Wir nennen unser Beispiel „Projekt Tante Berta".

1. Du notierst als Überschrift „Potenzielle Erblasserin: Tante Berta". In Klammern schreibst du gleich darunter „Mutters Cousine, Alter: 79" (also schon am Rande der durchschnittlichen Lebenserwartung), dann notierst du „Witwe" (super, es fehlt schon einmal ein Ehemann als potenzieller Erb-Anwärter) und „kinderlos" (perfekt!).

2. Als Nächstes folgt deine Liste mit dem Titel „Mögliche Mitbewerber". Also zum Beispiel:

– „Tante Wetti (Schwester von Tante Berta, 85)". Und gleich dahinter schreibst du die wesentlichen Informationen, also zum Beispiel: „Keine Gefahr, weil im Pflegeheim." (Yesss!)

– „Onkel Max, 74 (Halbbruder von Tante Berta), voriges Jahr Herzinfarkt, aber scheint sich langsam zu erholen. Gefahr derzeit nicht einschätzbar."

– „Hubsi, 50 (Sohn von Onkel Max), führt die Tante einmal im Monat zum Essen aus, mittlere Gefahr."

3. Rechts auf der Seite lässt du am besten eine Spalte frei für Notizen, die dein Bild von der Wettbewerbssituation weiter schärfen. Ich habe ein paar Fragen zusammengestellt, die dir als Inspiration für deine Notizen helfen sollen:

– Hat der- oder diejenige ein besonderes Nahe- oder Fernverhältnis zur Tante? Zum Beispiel: „Onkel Max hat Tante Berta schon in ihren Kindertagen bevormundet; kaum Kontakt."

– Wer schleimt sich bei der Tante ein, sodass es sogar einem Blinden auffallen würde? Zum Beispiel: „Hubsi macht der Tante bei seinen Essenseinladungen dauernd Komplimente zu ihrer lila Frisur."

– Wie gestalten die Mitbewerber ihre Kommunikation zum lieben Tantchen? Hier notierst du so Sachen wie: „Kommen oft zu Besuch und fahren immer erst nach Stunden wieder nach Hause." „Rufen Tante Berta jeden Tag einmal vor dem Frühstück und einmal zum Gutenacht-Sagen an."

– Wer macht es so wie du und baut seine Position „unter dem Radar" aus? Das ist natürlich besonders schwer herauszufinden, aber sei auf der Hut!

– Wenn du Informationen über die Vermögensverhältnisse deiner Mitbewerber hast, schreibst du sie auch dazu: „Onkel Max ist ein chronischer Schnorrer", „Helene (Tante Wettis Stieftochter) braucht jede Menge Kohle für ihren nichtsnutzigen Mann Friedrich, der raucht und säuft."
Und solltest du diese Infos nicht haben: Besorg sie dir!
Du weißt schon, auf diskrete Weise.

Diese Liste hältst du up-to-date. Halte ständig Augen und Ohren offen:

– Wie verändert sich das Verhalten der anderen, wenn du den Kontakt zur Tante engmaschiger gestaltest?

– Deutet etwas darauf hin, dass sie deine Absichten bemerkt haben? Finden sie das gut, dass du ihnen eine Bürde abnimmst und sie sich ein bisschen entlastet fühlen? Oder sind sie argwöhnisch und versuchen, dich oder andere von der Tante fernzuhalten?

Wenn du dir für deine Mitbewerberanalyse ein bisschen Zeit nimmst, kommt auf diese Weise womöglich eine ganz schön umfangreiche Liste zustande. Denk wirklich an alles und jeden, der auch nur irgendwie in Frage kommen könnte. Du weißt ja, es könnte der Nachbar sein. Oder ein Verehrer deiner Tante beim wöchentlichen Bingo-Spiel oder die Tochter einer alten Freundin.

REGEL NUMMER 16:
NICHT NUR MENSCHEN, AUCH ORGANISATIONEN WOLLEN ERBEN. VERGISS DAS NIEMALS!

VEREIN DER SCHULDLOS ENTERBTEN

Wenn du glaubst, dass diese Übung nicht so schwer war, lies jetzt aufmerksam weiter. Dein Mitbewerber muss nicht unbedingt ein Mensch sein. Was glaubst du, wie sehr sich zum Beispiel der Tierschutzverein für verbleichende Mitbürger interessiert? Oder andere Organisationen wie das Rote Kreuz und weiß der Teufel noch wer. Apropos Teufel: Besonders erfinderisch im Erlangen von Letzten Willen war seit jeher die Kirche. Nein, nicht nur die katholische, aber die kann es schon besonders gut – sie hatte schließlich 2000 Jahre Zeit zum Üben.

Die Bestrebungen diverser Organisationen, Nutznießer brachliegenden Erbes zu werden, haben manchmal sogar System. Die Kirche macht es den Leuten zum Beispiel ganz leicht, ihr was zu vererben. In einem Merkblatt einer bekannten Kirchengemeinde habe ich einmal etwas gelesen über die „Möglichkeiten, wie man einer Gemeinde oder einer ihrer Einrichtungen im Todesfall ein Vermögen zukommen lassen kann". Nicht, dass du jetzt glaubst: Ablasshandel, alle Sünden vergeben und vergessen.
Die versprechen dir nämlich rein gar nix – kein Seelenheil, keine gemütliche Wolke oder ewige Seligkeit. Aber manch alter Sünder liest da trotzdem heraus, dass er vielleicht im letzten Moment seine Seele retten könnte, wenn er sich vor dem Abkratzen noch großzügig gegenüber der Kirche zeigt.

Ich denke, jetzt müsstest du verstanden haben, wie die Mitbewerberanalyse funktioniert, auch wenn du noch nie eine Universität von innen gesehen hast. Und wie du jetzt vielleicht richtig vermutest: Du hast zwar mit deiner Liste eine gute Basis gelegt, aber zum finalen Erbglück fehlt dir noch ein bisschen etwas. Du bist ja auch erst mitten im Lernprozess. Basis und Konzept sind vorhanden, gratuliere!

Machen wir ein kleines Zwischenresümee:

- ❒ DU WILLST mit möglichst wenig Aufwand möglichst viel erben.
- ❒ DU WEISST, dass das nicht so mir nix, dir nix geht.
- ❒ DU VERFÜGST über alle charakterlichen Eigenschaften, die dich zum Ziel führen können.
- ❒ DU BIST auf der Suche nach einem oder mehreren Erblassern fündig geworden.
- ❒ DU HAST deine Mitbewerber analysiert.
- ❒ DU WIRST zum Hai im Goldfischbecken mit der besten Strategie von allen.

❐ DU KANNST alles erreichen, wenn du jetzt weiterliest und meine Ratschläge befolgst.

Im nächsten Kapitel zeige ich dir, was du tun musst, um deine Konkurrenz aus dem Feld zu schlagen.

Geht die Dschunke unter, ist der Hai zur Stelle.

(Aus Indochina)

Krone richten, weiter schleichen

So machst du deine Konkurrenz unschädlich

Weil du mittlerweile genau weißt, wer dir gefährlich werden könnte und du deine Konkurrenz im Visier behältst, entgeht dir keiner ihrer Schritte, und du weißt genau, wenn es eng für dich wird. Nun musst du dich aber dranhalten, damit dir nicht die mühsam erarbeiteten Felle davonschwimmen. Wenn du nicht zufällig eine Art Gustav Gans bist, also ein Riesen-Glückspilz, der gar keine Konkurrenz hat und dem alles von alleine in den Schoß fällt, musst du jetzt aktiv werden. Du kannst dir ja nicht gefallen lassen, dass andere in deinem Revier wildern.

Ich gebe dir einen Überblick über die Mittel und Wege, die du nutzen kannst:

❏ Beschütze deine alten Leutchen. Das geht ja gar nicht, dass Verwandte, die sich nie gekümmert haben, jetzt plötzlich aufdringlich werden und mit ihren ständigen Besuchen und Anrufen so viel Unruhe in das beschauliche Leben dieser betagten Menschen bringen. Sorge dafür, dass wieder Ruhe einkehrt.

❏ Mach deinem Erblasser klar, was für ein berechnendes, gieriges und undankbares Pack seine Verwandtschaft ist. Die haben es nie im Leben verdient, mit einer Erbschaft belohnt zu werden, und wenn sie noch so blutsverwandt sind.

❏ Sorge dafür, dass du derjenige bist, der am meisten Kontakt hat.

❒ Entziehe deinen Oldie dem Wirkkreis der gierigen Verwandtschaft, das ist besser für seine Gesundheit, weil die ihn eh nur aufregt.

❒ Schau, dass du so schnell wie möglich Vollmachten besitzt und im Testament stehst oder gleich beschenkt wirst. Darüber haben wir ja schon gesprochen.

DER FALL TANTE BERTA

Wir üben gleich einmal am Beispiel Tante Berta, die du schon vom letzten Kapitel her kennst.

Versetze dich in das folgende Szenario:

Nehmen wir an, du hast in Tante Berta, der reichen armen Witwe, die perfekte Erblasserin gefunden. Der Kontakt zu ihr ist vorhanden. Ein passables Vermögen ebenso. Nur haben dummerweise auch ein paar Cousins und Cousinen, diese nichtsnutzigen Aasgeier, angefangen, sich in der schönen Villa von Tantchen breitzumachen. Warum, das ist sonnenklar: Die haben es ganz offensichtlich auf das Erbe abgesehen. Dass dir das nicht entgeht, ist aber auch keine Kunst, so aufdringlich, wie die ständig auf der Matte stehen. Die arme Tante kommt ja vor lauter Kuchen essen und Kaffee trinken nicht einmal mehr zu ihrem dringend notwendigen Nachmittagsschläfchen, weil sie dauernd gestört wird. Das hat sie sich wirklich nicht verdient.

Die Tante muss beschützt werden, logisch. Koste es, was es wolle. Denn sie ist viel zu gutmütig und schwach, um sich gegen diese Invasion selbst zu wehren. Und wer könnte das besser als du. Schließlich kümmerst du dich schon seit Jahren (oder Monaten, also jedenfalls seit der Onkel gestorben ist) so überaus fürsorglich um sie. Dir kann sie voll vertrauen, und das weiß sie auch, sonst hätte sie nicht eingewilligt, dass du dich um ihre Bankgeschäfte kümmerst.

Was du tun kannst, damit wieder Ruhe einkehrt im Hause Habsburg, ist Folgendes: Du stellst die Türglocke ganz leise, damit dieser viele Besuch nicht länger stört. Sollen diese Aasgeier ruhig vor dem Haustor verrotten. Die Tante braucht viel Ruhe, sie ist ja nicht mehr die Jüngste. Das sagst du ihr sicherheitshalber auch immer wieder, damit ihr an einem Strang zieht, sonst wird sie übermütig. Und Übermut kann in ihrem Alter schnell ganz ungesund werden.

Auch das Telefon nimmst selbstverständlich du für sie ab, und wenn die Sippe dran ist, dann sagst du denen, dass das Tantchen gerade ihr Mittagsschläfchen macht – und, ja, manchmal legt sie schon am Vormittag oder auch am Nachmittag ein kleines Nickerchen ein. Für den Fall, dass diese aufdringlichen Menschen auf einmal immer dann anrufen, wenn du gerade für die Tante den Einkauf besorgst, dann gibt es auch Rat: Du weißt sicher, dass man eine Telefonnummer heute ganz einfach auf einen anderen Anschluss umleiten kann, nicht wahr? Auf deinen zum Beispiel.

Irgendwann geben selbst die hartnäckigsten Erb-schleicher auf. Spätestens dann merkt auch die Tante, dass das Gesindel nur auf ihr Geld aus war. Das musst du ihr aber trotzdem immer wieder sagen, könnte ja sein, dass sie nicht so denkt oder dass sie das schnell wieder vergisst. Du weißt schon, in ihrem Alter funkti-onieren diese grauen Zellen halt nicht mehr so gut. Je öfter du sie darauf aufmerksam macht, wie böse und berechnend die Welt da draußen ist, desto eher wird ihr klar werden, dass du der Mensch bist, der nur ihr Bestes will. Der Einzige, auf den sie sich wirklich verlassen kann.

Wenn all das noch nicht hilft, dann schnapp die Tante und fahr mit ihr für eine Weile auf Urlaub. Macht eine Sommerfrische auf einem abgeschiedenen Bauernhof ohne Handyempfang. Oder fliegt im Winter nach Florida. Die Wärme dort wird Tante Berta gut tun, sie wird dir sehr dankbar sein, und das Beste daran: Ihr seid für niemanden erreichbar!

In diesem Urlaub kannst du ihr vielleicht auch nahebringen, dass diese große Villa viel zu groß und leer für sie alleine ist. Schlag ihr vor, dass du für sie eine schmucke kleinere Bleibe suchst, natürlich im Grünen und mit allem Komfort. Wenn ihr dann wieder zu Hause seid, kann sie umziehen. Du ziehst selbstverständlich ganz in ihre Nähe, damit du sie täglich versorgen kannst. Dann hat die Tante das gute Gefühl, in den richtigen Händen zu sein, und weiß, dass sie sonst niemanden braucht. Hauptsache, die lieben Freunde und Verwandten lassen sie in Ruhe. Und das werden sie, denn dort, wo du die schmucke Bleibe für die Tante kaufst, finden sie euch bestimmt nie!

So musst du das machen.

Sicher, du hast schon recht, wenn du jetzt einwendest: Das ist ja alles recht leicht, wenn Tante Berta keine Kinder hat. Falls dein Erblasser nämlich Nachwuchs hat, ist die Sache schon komplizierter. Stimmt. Es gibt so etwas wie eine gesetzliche Erbfolge. Du weißt ja, Blut ist dicker als Wasser.

Womit wir zum Thema Erbrecht kommen und dazu, dass du um ein gewisses juristisches Basiswissen nicht herumkommen wirst. Keine Sorge, ich fange jetzt nicht an, in gestelztem Juristendeutsch aus dem Gesetz zu zitieren. In diesem Buch wirst du keine Gesetzestexte zu lesen bekommen, denn erstens gibt es genügend Bücher und Websites, wo du dich schlau machen kannst, und zweitens gibt es unterschiedliche Regelungen, je nachdem, wo du lebst und wo dein Erblasser lebt. Drittens bin ich keine Juristin, sondern eine Person, die Augen und Ohren offen hat und demnach viel mitbekommt. Da lernt man viel über das Erbrecht, aber nicht so viel, dass ich dir eine Rechtsauskunft geben kann. Nur ein paar Anregungen habe ich für dich.

REGEL NUMMER 17:

JAHRELANG JUS STUDIEREN SOLLEN ANDERE. DU KONZENTRIERST DICH AUF DAS, WAS FÜR DICH WIRKLICH RELEVANT IST.

Keine Angst also vor dem Paragrafendschungel. Du brauchst nicht alles zu wissen, sondern nur ein paar Grundbegriffe kennen, die dich auf dem Weg zur Erbschaft begleiten. Es gibt wie gesagt genug gut aufbereitete Informationen darüber, vieles auch gratis im Internet. Dort erfährst du zum Beispiel, was ein Pflichtteil ist und wer den bekommt. Oder auch, dass es Ausnahmen vom Pflichterbe gibt, nämlich wenn jemand „erbunwürdig" ist. Das ist doch sehr interessant: Die Kinder deines Erblassers können erbunwürdig werden, wenn sie ihn in einer Notsituation im Stich lassen. Frag mich jetzt nicht, ob ein voller Geschirrspüler schon als Notsituation gilt! Oder eines der Kinder führt einen Lebenswandel, der gegen die öffentliche Sittlichkeit verstößt, also, genau: Prostitution und so. Hohe Verschuldung und verschwenderisches Leben wären auch solche Dinge, die den Nachwuchs um seinen Pflichtteil bringen können. Tja, ob die Handtaschensammlung der Tochter da hineinfällt? Schlecht wirkt es sich auch aus, wenn du einen potenziellen Erblasser unter Druck setzt, damit der sein Testament zu deinen Gunsten macht. Dir würde eine solche Schweinerei ja nie einfallen, aber dem undankbaren Nachwuchs vielleicht schon, und schon wäre es weg, das Recht auf Pflichterbteil. Übrigens könnte dein Erblasser einem Erbunwürdigen trotzdem etwas vererben, man glaubt es nicht. Und zwar – und jetzt halt dich bitte fest – dann, wenn dein Erblasser ihm verzeiht. Verzeihen! Steht genau so im Gesetz. Süß, was?

Im Fall, dass es ein paar gesetzliche Erben gibt, wäre es also am besten, wenn die enterbt würden. Ja sicher, du selbst hast deinen Kindern schon oft genug gedroht, sie zu enterben, wenn sie dir nicht tutti presto einen Kaffee bringen. Und in diversen Seifenopern hast du auch schon gesehen, dass so was immer wieder vorkommt, in den besten Familien.

Jedenfalls, solche Dinge wie Pflichtteil und Erbunwürdigkeit oder auch welche Formen von Vollmachten es gibt und welche für dich besonders hilfreich sind, all das findest du im Internet oder in zwar langweiligen, aber schlauen

Büchern. Schau dir das an! Es könnte verheerende Auswirkungen haben, wenn du am Ende nicht wüsstest, welche Möglichkeiten du als Sachwalter hast, was in einer Vorsorgevollmacht drinsteht, was du alles darfst, wenn du eine Bankvollmacht vorweisen kannst, oder wann ein Testament das Papier nicht wert ist, auf dem es geschrieben wurde. Und bitte lies dir ganz, ganz genau durch, was eine Schenkung ist, speziell eine Schenkung auf den Todesfall. Ich sage nur: nicht rückgängig zu machen. Also: Königsdisziplin! Wenn du das schaffst, hast du den größten Respekt in der Branche der professionellen Erbschleicher verdient.

REGEL NUMMER 18:
SEI UNBEDINGT SCHNELLER ALS DIE ANDEREN. UND VERSCHAFF DIR EXKLUSIVES VERTRAUEN.

Was dir einen Vorsprung verschafft gegenüber der Konkurrenz auf dem Markt der Möchtegern-Erben, ist jedenfalls neben Wachsamkeit, Strategie und Schläue auch Schnelligkeit: Ihr alle habt das gleiche Ziel, aber du machst Nägel mit Köpfen, sobald sich die Gelegenheit bietet, und lässt dir die nötigen Dokumente ausstellen – und zwar rechtssicher, also mit Notar. Du bist schneller, du kümmerst dich besser und erlangst das größte Vertrauen. Und wenn du ganz auf Nummer sicher gehen willst, fährst du mehrgleisig und wählst am besten schon in jungen Jahren deine künftigen Erblasser aus. Mach sie zu deinen Trauzeugen oder zu den Taufpaten deiner Kinder, dann sind die Weichen schon gestellt, bevor noch irgendjemand überhaupt übers Erben nachdenken kann.

VERBÜNDE DICH NUR MIT JENEN, DENEN DU HUNDERTPROZENTIG VERTRAUEN KANNST.

Tja, was könnte deinem Erfolg jetzt noch im Weg stehen? Eigentlich nicht mehr viel. Nur noch du selbst. Zum Beispiel, weil so eine Erbjagd ganz schön an deinen Kräften zehren kann. Hast du schon genug vom vielen Kümmern? Steckst du schon seit Jahren viel Zeit in eine Erbjagd und trotzdem ist die Testamentseröffnung noch in weiter Ferne? Dann gönn dir eine kleine Auszeit: Lass dich vertreten, aber nur von deinen engsten Vertrauten – deinen Kindern zum Beispiel, die schließlich auch einmal Nutznießer deiner Bemühungen sein werden und die demnach ein Eigeninteresse haben, dass du erfolgreich bist. Die wenigsten Erbschleicher arbeiten wirklich ganz alleine.

Oder hast du gar plötzliche Skrupelattacken, weil du alles erben wirst und deine Schwester und dein Bruder leer ausgehen werden? Also bitte: Erstens musst du dir wirklich nichts vorwerfen: Du bist schließlich immer für Tante Berta da. Die anderen rufen ja nicht einmal an! Und zweitens haben dich deine Geschwister schon in eurer Kindheit immer so sekkiert und sowieso immer eine Sonderbehandlung bekommen. Es ist höchste Zeit, dass jetzt einmal du zum Zug kommst!

SEI ONKEL HANSIS LIEBLINGSNEFFE

Es gibt kaum etwas Hilfreicheres beim Lernen als die Praxis. Ich hab hier noch eine Geschichte, wie sie das Leben schreibt.

Die geht so:

Onkel Hansi ist Witwer und hat keine Kinder, er lebt im Seniorenheim. Obwohl diese Heime normalerweise ihre Senioren schröpfen bis auf ein bisschen Taschengeld, ist im Fall von Onkel Hansi noch immer recht viel Vermögen übrig. Liegt vielleicht daran, dass er selbst seinerzeit viel geerbt hat und einen super Job im öffentlichen Dienst hatte mit fünfstelligem Monatsgehalt und entsprechend hoher Pensionszahlung.

Das Gute an dieser Konstellation: Du brauchst ihn nicht zu pflegen, das erledigt das Heimpersonal. Eher nicht so gut ist, dass du dank sorgfältiger Konkurrenzanalyse feststellen musst, dass du ein paar lästige Verwandte am Hals hast, die den Onkel und alles, was zu ihm gehört, genauso gern haben wie du.

Jetzt ist natürlich Schnellsein angesagt, das weißt du ja schon: Du begleitest den Onkel daher gleich morgen zur Bank, hilfst ihm beim lästigen Papierkram, machst Besorgungen für ihn. Und damit du all das auch tun kannst, falls der Onkel krank wird, lässt du dir von ihm eine Bankvollmacht geben. Von daher weißt du auch, dass der Onkel noch einiges auf der hohen Kante hat. Verschwenderisch war er nie. Das hast du früher schrecklich gefunden, aber jetzt kannst du es positiv sehen.

Damit bist du den anderen schon weit voraus. Sie besuchen den Onkel, das kannst du nicht verhindern. Sie plauschen, sie schmeicheln, sie hinterlassen eine Schleimspur, wenn sie wieder gehen. Das gefällt dem Onkel, aber noch mehr gefällt ihm, wie aufopfernd du dich um ihn kümmerst. Du besuchst ihn am häufigsten und bringst ihm frische Grammeln zum Knabbern mit, obwohl er die gar nicht essen dürfte wegen dem hohen Blutdruck. Da habt ihr beide einen ordentlichen Spaß miteinander, weil es ein Jux ist, die Pflegerinnen zu täuschen und auszutricksen.

Und so kommt es, wie es kommen muss: Eines Tages überrascht dich der Onkel, für den du mittlerweile wie ein Sohn geworden bist, mit dem Satz: „Wenn ich einmal nicht mehr bin, möchte ich, dass du alles bekommst."

Jetzt nicht, dass du sagst: „Ach, ich mag gar nicht dran denken, dass du einmal nicht mehr bist." Aber hallo! Nein, du musst ihn schon für seine Weitsicht und seinen Mut bewundern. Da gibt's ganz andere, die sich denken: Hinter mir die Sintflut. So ist der Onkel Hansi nicht, und das ist gut so. und dann schnappst du den Onkel gleich am nächsten Montag und ihr geht zum Notar. Wir wollen ja den Teufel nicht an die Wand malen, aber falls er einmal nicht mehr in der Lage ist, zu seinem (und deinem) Besten zu agieren, brauchst du eine Vorsorgevollmacht. Das wird der Onkel bestimmt schnell einsehen. Die kannst du schon einmal vorbereiten. Bereite den Onkel am besten auch darauf vor, dass so eine Supervollmacht (die dir so ziemlich alles ermöglicht, was du brauchst) ein bisschen mehr Gebühren kostet als eine Bankvollmacht. Nicht dass er beim Notar einen Schrecken kriegt und alles vom Tisch fegt. Die Onkel Hansis dieser Welt sind da oft empfindlich und auch nicht mehr so flexibel im Denken.

Und wenn ihr dann schon einmal beim Notar seid, dann geht das mit dem Testament mit dir als Alleinerbe gleich in einem Aufwasch. Es ist nicht verkehrt, wenn du anregst, dass der Notar das Testament ins Testamentsregister eintragen lässt. Das ist zwar nicht zwingend notwendig, aber so ein Blatt Papier geht ansonsten schnell verloren. Und nachdem du ja ein paar Konkurrenten hast, musst du auf Nummer sicher gehen – die könnten das Testament im Nachtkästchen des Onkels finden und verschwinden lassen. Die sind zu allem fähig.

Na also. Nun hast du eine Vorsorgevollmacht und du stehst im Testamentsregister. Gratuliere! Dein Onkel kann sich glücklich schätzen, dass er so einen braven und intelligenten Neffen hat, der an alles denkt.

Bis dass der Tod euch scheidet.

Die Erbmasse sinkt mit der Masse der Erben.

(Kuno Klaboschke, *1938, deutscher Gebrauchsphilosoph)

Schleich dich

Wie du erfolgreich zum Abschluss kommst

Wenn du bis jetzt meine Anweisungen befolgt hast, kann nicht mehr viel schiefgehen. Du bist hoffentlich bevollmächtigt und testamentarisch bedacht und hast somit all die anderen Nichten und Neffen und die sonstige erbwillige Brut still und heimlich ausgebootet. Oder fühlst du dich noch unsicher, weil du noch die eine oder andere Schwäche hast, an der du arbeiten musst? Macht nichts. Am Anfang ist das ganz normal. Du wirst sehen: Mit jedem Tag wirst du besser werden und schon bald wird dir der Er(b)folg zufliegen! Und du hast bestimmt schon von den Motivationsgurus gehört – ich erinnere dich, darüber haben wir auch schon im zweiten Kapitel gesprochen: An sein Ziel kommt man mit einem Prozent Inspiration und 99 Prozent Transpiration. Also bleib dran und hör mir noch einmal gut zu, damit dir nicht kurz vorm Abschluss noch ein Fehler passiert.

REGEL NUMMER 20:
WERDE NICHT SCHWERMÜTIG, WENN DEIN ERBLASSER DAS ZEITLICHE SEGNET.

Ja, ich weiß schon. Dein Erblasser und du, ihr seid seit geraumer Zeit ein Herz und eine Seele. Aber die Natur ist halt einmal nicht nett, und eines Tages muss jeder über den Jordan. Rechne also damit, dass dich die traurige Nachricht ereilt, dass dein liebster Mitmensch das Zeitliche gesegnet hat. Jetzt glaub aber bitte nicht, dass du dann gleich in den nächsten Flieger springen kannst, um auf den Malediven Cocktails zu schlürfen. Da würdest du einen großen Fehler machen, und vor allem würdest du eine riesengroße Chance verpassen, als nun schon erfahrener Erbschleicher den nächsten Karriere-Step zu machen.

Da du der engste – und einzige – Vertraute des Verstorbenen bist, liegt es an dir, das Begräbnis auszurichten. Ja, sicher ist das Arbeit. Ich hab dir nie vorgemacht, dass Erben ein Kinderspiel ist.

REGEL NUMMER 21:
DU BIST DER EINZIG RICHTIGE, UM DIE TRAUERFEIER ZU ORGANISIEREN.

Du hast jetzt zwei Möglichkeiten: Entweder du organisierst eine Einäscherung im allerkleinsten Kreise und bringst alle Formalitäten schnell hinter dich. Oder du trumpfst mit einem beeindruckenden Fest auf, das auch den letzten Zweifler an deiner moralischen Unversehrtheit eines Besseren belehrt. Du kannst dir jetzt bestimmt denken, was empfehlenswert ist: natürlich die schöne, große Abschiedsfeier. Aber um Himmels willen, mach nicht auf russischer Oligarch und schwelge im verschwenderischen Luxus. Da würden alle gleich Verdacht schöpfen, und du weißt ja: Sei immer diskret und bleibe unauffällig, bis Gras über das Grab gewachsen ist.

Zum Fest zu Ehren von Onkel Hansi lädst du alle Freunde und Verwandten ein. Sei lieb, freundlich und empathisch und nimm die Beileidsbekundungen dankend an. Wenn du eine Lesung und Musikbegleitung auffährst und ein stilvolles

Ambiente für das Abschiedsessen wählst (Leichenschmaus klingt so makaber und hat so einen gierigen Unterton, das Wort vermeidest du lieber), werden die anderen beeindruckt sein, wie sehr du dich sogar jetzt noch um den lieben Verstorbenen kümmerst.

Nur einen Fehler darfst du nicht machen: Fall um Himmels willen nicht aus der Rolle. Trink keinen Alkohol, zieh nichts Ausgefallenes an, führ nicht den teuren Schmuck aus, den du aus lauter Übermut schon aus dem Safe des Verblichenen geräumt hast. Am besten denkst du während der Trauerfeier gar nicht an dein Erbe, sonst schöpfen die anderen noch Verdacht, wenn dir womöglich ein dümmlich-diebisches Grinsen entschlüpft. Gib dich bescheiden und zurückhaltend, kleide dich dem Anlass entsprechend in gedeckten Farben und faden Schnitten, zeig dich betroffen. Ein paar Tränen zum rechten Zeitpunkt können auch nicht schaden. Das macht dich authentisch.

So eine würdige, beeindruckende Feier beruhigt auch deine Mitbewerber: Sie freuen sich, dass du ihnen die nervige Begräbnis-Organisation abgenommen hast. Wenn du immer brav verdeckt gearbeitet hast, wissen sie noch nicht, dass sie erbtechnisch leer ausgehen oder nur ihren Pflichtteil bekommen werden, und schütteln dir dankbar die Hand.

REGEL NUMMER 22:
BETRACHTE DIE TRAUERFEIER ALS NETZWERKTREFFEN, BEI DEM DU ERNEUT AUF BEUTEZUG GEHEN KANNST.

Wenn die Abschiedsfeier dem Ende zugeht, solltest du dich darum kümmern, dass die eine oder andere alte Dame (oder der Herr) gut nach Hause kommt, am besten führst du sie selbst heim. Du fragst dich jetzt, warum du dir das ganze Brimborium einer großen Feier überhaupt antun sollst? Du meinst, das wäre ja eine Heidenarbeit und kostet sicher auch einiges? Stimmt. Aber das Ganze hat einen wichtigen Begleiteffekt. Erstens kann jeder sehen, wie sehr du den Erblasser geliebt hast, sonst hättest du dir nicht solche Mühe gegeben. Und außerdem sollst du ja nicht irgendwen nach Hause chauffieren.

Denn jetzt kommt's: Als professioneller Erbschleicher denkst du schon wieder voraus. Die betagten Geschwister, Bekannten und Freunde deines Erblassers finden dich ganz toll und denken sich: Ach, ich würde mir auch jemanden wünschen, der mir einen so würdevollen Abschied bereitet. Na, da kannst du ihnen doch glatt behilflich sein. So eine Gelegenheit, mit allen zusammenzukommen, gibt es nicht oft. Also bereite dich sorgfältig auf dieses Netzwerktreffen vor. Halte dich ran und recherchiere schon vorher, was das Zeug hält. Was du vorher nicht in Erfahrung bringen kannst, musst du während der Feier in freundlichem Plauderton in Erfahrung bringen: Wer von den Trauergästen ist nicht verheiratet, hat keinen Nachwuchs und sieht schon recht überreif aus – ähm, ich meine natürlich: Wer könnte deine Unterstützung gebrauchen?

Na siehst du, da gibt's den einen oder die andere. Denen bietest du an, sie nach Hause zu fahren. Und bei der Gelegenheit erzählst du ihnen gleich, dass du da eine Kleinigkeit hast, die du ihnen gerne bringen würdest – vom Onkel Hansi, der sich so gewünscht hat, dass sie es bekommen. Also: Wann darfst du auf Besuch kommen?

Jemanden mit dessen Wissen im Testament zu bedenken und dann nicht in angemessener Frist zu sterben, das grenzt schon an Provokation.

(Samuel Butler der Ältere, 1612–1680, englischer Satiriker)

Schleichspuren

Jetzt hast DU was zu vererben

Du hast es geschafft! Du bist reich! Oder zumindest Erbe.
Wie viel und was genau du geerbt hast, wirst du jetzt
erfahren. Hoffentlich hast du dich nicht verkalkuliert.
Man weiß das ja nie hundertprozentig, ob ein Haus ein
trojanisches Pferd ist – schön herausgeputzt, aber leider
ziemlich baufällig. Wenn du Pech hast, frisst jetzt das
Renovieren alle Aktienpakete auf, die dir die Tante auch
noch hinterlassen hat. Das wäre echt tragisch.

Aber gehen wir nicht immer gleich vom Schlimmsten aus.
Dir muss dennoch in jedem Fall bewusst sein, dass Erben
eine Verantwortung mit sich bringt. Du musst dich um den
Nachlass kümmern, alles ordnen, sortieren, Daueraufträge
löschen und die Sterbeurkunde an den Telefonanbieter und
die Pensionsversicherung schicken. Wenn der Nachlass nicht
nur aus Sparbüchern besteht, sondern auch eine wertvolle
Porzellan-Sammlung beinhaltet, die du dir nie im Leben ins
Wohnzimmer stellen würdest, wirst du den Verkauf der
Sachen organisieren müssen. Besitzt du jetzt eine Finca in
Südspanien, obwohl du die nordischen Gefilde liebst? Tja,
dann kannst du die Veräußerung arrangieren und dich nach
einem Cottage in den schottischen Highlands umschauen.

Also du siehst: Womöglich hast du jetzt erstmal ganz schön
viel Arbeit, bevor du deinen neuen Reichtum so richtig
genießen kannst. Aber ehrlich, das war's doch wert, oder?
Mit normaler Arbeit kommst du ja schon lange nicht mehr
an ein Vermögen. Nicht einmal in Amerika, wo es angeblich
diesen Traum gibt, vom Tellerwäscher zum Millionär.
Du weißt schon.

Aber jetzt pass auf: Du hast bewiesen, dass du mit deinem Talent und dem Know-how aus diesem Buch Stroh zu Gold machen kannst. Wenn du klug bist, hast du schon Witterung aufgenommen und arbeitest am nächsten Projekt, auch wenn du jetzt eigentlich schon ausgesorgt hättest. Denn seien wir ehrlich, den ganzen Tag Golf spielen, das wird schnell langweilig. Und im Whirlpool Champagner schlürfen macht auch höchstens zwei Stunden täglich Spaß.

Du brauchst Abwechslung und Action. Und was wäre dafür besser geeignet, als sich an ein neues Opfer heranzupirschen? Das (gemeinsam mit den Körperkorrekturen, die du dir jetzt leisten kannst) hält dich außerdem jung. Spätestens wenn du alle Erbsachen geregelt hast, kannst du dir wieder einen neuen besten Freund suchen, dem du den roten Teppich ausrollst. Auf kleinerer Flamme hast du dich ja nebenher ohnehin immer um potenzielle Erblasser gekümmert und vielleicht hast du auch eine mögliche Kandidatin bei der Trauerfeier kennengelernt. Jetzt hast du sehr viel Zeit für sie.

Dein Know-how im Erbschleichen kann dir aber auch auf ganz andere Weise hilfreich sein. Denn nachdem du stetig an deiner finanziellen Unabhängigkeit arbeitest und dir allmählich ein ordentliches Luxusleben aufbaust, bist du natürlich auch Beute für andere Erbschleicher. Oder was glaubst du, was deine Umgebung denkt? Meinst du, die freuen sich einfach nur mit dir, dass du zum Golfen nach Kalifornien jetten kannst, während für sie „Golf" immer nur ein solider fahrbarer Untersatz war?

Ja natürlich, sie werden sich bestimmt freuen. Aber möglicherweise nicht für dich, sondern weil sie sich vorstellen, wie das ist, wenn sie dich eines Tages beerben werden. Ich bin sicher, du kannst sie sogar verstehen, diese armen Schlucker.

REGEL NUMMER 23:
NUTZE DEIN FACHWISSEN UND HAB SPASS MIT DEINEN POTENZIELLEN ERBEN.

Was sie aber nicht wissen, deine potenziellen Erben, ist, dass du ein heimlicher Profi im Erbschleichen bist. Austricksen werden sie dich nicht so leicht können. Die werden sich ordentlich anstrengen müssen, wenn sie in deine Fußstapfen treten wollen. Die müssen erst einmal beweisen, was sie können.

Weil du genau weißt, was in deren Gehirnwindungen so vorgeht, kannst du es dir zum Spaß machen, dich von ihnen hofieren zu lassen. Lass dich verwöhnen! Wie schön es ist, selbst herumchauffiert zu werden, Besuch zu bekommen, mit Blumensträußen und selbst gebackenen Torten beschenkt zu werden! Deine Nichte will mit dir einen Urlaub am Meer machen? Aber sicher doch, sie darf dich dazu gerne einladen.

Natürlich bist du immer auf der Hut. Wenn sie gut sind und auch diesen Ratgeber gelesen haben, werden sie ebenso unauffällig agieren, wie du es stets gemacht hast. Du hast dafür ein Auge, aber wirklich wissen kannst du nicht, wer einfach nur so nett zu dir ist und wer seine Freundlichkeit dir gegenüber als bloße Investition in eine goldene Zukunft betrachtet.

Du kannst jetzt die Listenübung aus dem fünften Kapitel auf dich anwenden: Wer alles könnte es auf dein Erbe abgesehen haben? Wer hat Bedarf? Wie verhalten sich die

Erb-Anwärter dir gegenüber? Wer will dich unbedingt zum Taufpaten seiner unnötigen Brut machen? Wollen sie viel Zeit mit dir verbringen? Führen sie dich zum Essen aus?
Aha, du kommst auf sieben Personen. Alle Achtung!
Aber klar, die Motten fliegen zum Licht. Das spricht sehr für dich, du Lichterscheinung!

REGEL NUMMER 24:
GENIESSE DAS RENNEN UM DEIN ERBE!

Auch wenn du selbst moralisch immer äußerst einwandfrei agiert hast, weißt du, dass manche Branchenkollegen da ethisch weniger korrekt handeln. Die wollen dich womöglich sozial völlig isolieren, damit du von ihnen abhängig wirst, und kaufen für dich ein kleines Häuschen irgendwo am Rande der Welt, wo du keinen Internetanschluss und auch keinen Handyempfang hast. Sie mögen es sogar gut meinen, so wie du es immer äußerst gut mit deinen Erblassern gemeint hast. Trotzdem willst du dein Leben selbstbestimmt leben.

Aber das ist kein Problem, das kriegst du hin. Weil du sehr gut informiert bist, kannst du dir auch den einen oder anderen Schabernack erlauben. Du weißt zum Beispiel, dass in einer Vorsorgevollmacht nicht nur eine Person drinstehen kann. Setze einfach alle sieben in dieses Dokument. Und dann beobachtest du das Rennen in aller Ruhe. Wer liegt vorne? Wer ist weit abgeschlagen, weil er glaubt, mit der Vorsorgevollmacht hat er praktisch eh schon gewonnen? Zwischen wem entwickeln sich Rivalitäten? Die kannst du übrigens auch noch schüren, indem du ein paar „Anregungen" zum Besten gibst. Du könntest zum

Beispiel der Nichte erzählen, wie großzügig ihr Bruder unlängst von einem gemeinsamen Wochenend-Trip nach St. Tropez gesprochen hat. Wenn du Glück hast, fällt der Nichte demnächst ein, dich auf die Bahamas einzuladen.

Lass es dir gut gehen! Falls du findest, dass sie in ihren Bemühungen nachlässig werden, lass einfach immer wieder eine Bemerkung fallen, dass du dir sehr gut überlegst, wem du alles eines Tages vererben wirst. Die Menschen brauchen nichts so sehr wie Hoffnung! Eine Erwähnung, dass du dein Testament schon längst gemacht hast, in dem du die Villa, den Porsche, die Aktienpakete und die Firmenbeteiligungen an diese tolle Kinderhilfsorganisation in Afrika vererben wirst – und schon stehen sie wieder vor der Tür, du wirst sehen. Was mit den Motten passiert, wenn sie sich verausgaben, soll nicht deine Sorge sein: Wenn sie verbrennen, dafür kannst du nichts!

Nur dass du dich auskennst:

Erbschleichen ist laut Rechtsprechung nicht illegal, daher ist es auch so schwer, dagegen vorzugehen.

Wenn du dieses Buch irrtümlich ernst nimmst und eine Karriere als Erbschleicher anstrebst, dann ist das schön für dich.

Wenn du aber zu jenen gehörst, die von anderen ums Erbe gebracht wurden, ist das frustrierend. Von einem Erbschleicher ausgebootet zu werden und keine rechtlichen Schritte gegen ihn zu haben, ist richtig, richtig mies. Umso mehr freue ich mich, wenn dir meine Beispiele und Hinweise nützlich sind, damit du dich wehren und deine alten Leutchen beschützen kannst.

Viel Mut und Erfolg wünsche ich dir!

Maggie

**Lebe immer first class,
sonst tun es deine Erben.**

(Quelle unbekannt)

Und _____ aus.